5492
Dai.
✱

LETTRE

DE VALCOUR,

A SON PERE,

POUR SERVIR DE SUITE ET DE FIN
AU ROMAN DE ZEILA;

PRÉCÉDÉE D'UNE APOLOGIE DE L'HÉROÏDE,
EN RÉPONSE

A LA LETTRE D'UN ANONYME,

A M. DIDEROT.

A PARIS,

De l'Imprimerie de SÉBASTIEN JORRY, rue &
vis-à-vis la Comédie Françoise, au Grand Monarque
& aux Cigognes.

M. DCC. LXVII.

APOLOGIE
DE L'HEROIDE.

Aprés la promesse que j'ai faite, je demande très-sérieusement pardon au Public en général, & en particulier, à tous ceux qui ont de l'antipathie pour les Héroïdes, de leur en présenter encore une, & de choquer ainsi leur goût ou leur préjugé. Mais celle-ci ne doit être regardée que comme la suite d'un Ouvrage, qu'on me reprochoit de laisser imparfait. On a vu Zéila trahie, abandonnée ; Valcour repentant, qui part pour réparer son crime. Mais que deviendrat-il ? Qu'est devenue Zéila elle-même ? Respire-t-elle encore ? Est-elle Esclave ou libre ? C'est pour completter tous ces intéréts suspendus, que j'ai imaginé la lettre qui suit, la dernière absolument que je prétende exposer à la satiété de mes sévères

Ariftarques. J'avouerai d'ailleurs, qu'elle m'a offert des tableaux & des fituations qui m'ont féduit : on y trouvera plus d'action, plus de mouvement, &, en quelque forte, plus de dramatique que dans les précédentes. Un autre avantage, digne peut-être de quelqu'attention, c'eft que les trois lettres, qui concernent Zéila, réunies, achévent une efpéce de petit Roman en vers fous une forme unique, ou du moins rare dans notre langue.

ON me reprochera fans doute quelques invraifemblances ; celle par exemple d'avoir fait entrer Zéila au Serrail quoique, par une délicateffe ridicule, on y exige, au profit du Sultan, la plus fcrupuleufe virginité. Mais eft-il impoffible qu'il fe foit gliffé de la fraude dans un coftume auffi rigide ; tout paffe avec un peu d'adreffe ; & le grand Turc, malgré fa réputation de connoiffeur, peut y être trompé tout comme un autre.

Au moins je le crois, &, si c'est une erreur ; comme elle n'est pas dangereuse, on voudra bien me la pardonner.

PARMI les clameurs confuses, élevées contre l'Héroïde & ses plaintifs adhérens, il ne faut pas confondre la voix d'un Anonyme qui vient de l'attaquer avec force ; mais au moins avec esprit, de la délicatesse & une apparence de vérité. Il veut détruire le genre, en ménageant ceux qui s'y sont exercés. Il flatte l'amour-propre, même en le contrariant, & guérit d'une main les blessures qu'il fait de l'autre. Telle est la séduction qui devroit toujours accompagner la critique ; elle seroit utile alors, & finiroit même par devenir aimable ; comme certaines femmes privilégiées que l'on adore, en dépit de leurs rigueurs. L'Anonyme me permettra de répondre à quelques-uns de ses reproches.

6 APOLOGIE

IL établit d'abord que le genre de l'Héroïde eft un genre *froid & faux*. Voilà, ce me femble, un jugement bien févère : un genre eft faux, lorfqu'il eft évidemment contraire à la nature. Or je ne vois rien de fi naturel que de fuppofer un Perfonnage intéreffant, agité de quelque paffion violente, qui, par le moyen d'une lettre, foulage les ennuis de l'abfence, & répand fon ame & fes fecrets dans le fein d'un père, d'une époufe, d'une maîtreffe ou d'un ami. Une lettre, de tous les genres d'écrire, eft le plus vrai, le plus rapproché de l'entretien ordinaire, & le plus propre fur-tout au développement de la fenfibilité. Il n'eft donc point faux, & comment feroit-il froid avec cette derniere prérogative? D'ailleurs, quelqu'Ouvrage qu'on fe propofe, la chaleur ou le froid fera moins dans le genre que dans l'ame & l'imagination de ceux qui s'y deftinent. On convient que la Tragédie eft ou doit être une production pleine de feu ; on ne veut pas même convenir que l'Héroïde en foit fufceptible. Cependant que de Tragédies glaciales, & quelle chaleur dans l'Héloïfe de M. Colardeau ! Tout dépend de celui qui écrit ; & le moindre trait d'un pinceau brûlant détruit toutes ces ingénieufes combinaifons, éclofes dans le calme du cabinet.

L'Anonyme fonde furtout fon averfion pour l'Héroïde fur la néceffité, ou plutôt l'ufage, établi de tout temps, de l'écrire en vers. Pourquoi réveiller une guerre oubliée, & rajeunir des réfléxions méthodiques, qui tendoient à bannir la Poëfie de je ne fçais combien d'ouvrages dont elle fait le premier charme. La Poëfie eft un langage à part, reçu & adopté comme la Mufique qui enchante tous les jours nos oreilles, & fe venge par le fentiment de tous les calculs de la raifon. Eft-il vraifemblable qu'on se poignarde & qu'on meure en chantant ? Est-il vraisemblable que gros René, Mascarille, Flipotte & Cataut parlent en vers ? Oui, tout cela rentre dans l'ordre de la vraisemblance, & devient une seconde nature, par la force de l'habitude, & l'autorité des suffrages. Une langue n'est qu'une convention, & peut avoir différents dialectes. Donnez ce nom à la Poësie & à la Musique, vous aurez tranché le nœud de la difficulté.

JE ne sçais trop pourquoi l'Anonyme souffre, & même autorise les vers dans la Tragédie. D'après son système, ils y sont aussi déplacés que partout ailleurs. Je ne sçais pas même si ce n'est pas le genre où ils devroient le choquer davantage. C'est parce que je vois Ninias, Séide & Zamore dans les convulsions du désespoir, que j'exige d'eux un langage moins composé ; plus je suis frappé de la

vérité

vérité de leurs mouvemens, plus je veux de vérité dans leur expreſſion. *L'appareil de mille Citoyens aſſemblés, l'optique des décorations, l'illuſion du coſtume*, ne me rendent pas moins difficile. Je ne ſuis point tranſporté dans une *autre ſphere;* car le Théâtre, pour fixer & mériter mon attention, doit être la peinture fidelle des malheurs qui nous aſſiégent, des paſſions qui nous agitent, & des vertus qui nous conſolent.

Ainsi je n'apperçois pas bien ſur quoi l'Anonyme appuie ſa diſtinction, qui ne paroît pas du tout une conſéquence de ſon principe.

Quelle *diſpoſition à l'illuſion peut-on attendre*, dit-il, *d'un Lecteur indifférent, & malintentioné, qui prend une Héroïde par déſœuvrement, & lit à contre-ſens & à voix baſſe des vers qui dès-lors perdent tout le charme de la cadence & de l'harmonie?* Quel tribut l'Auteur en

B

doit-il attendre ? L'ennui. A la bonne heure. Il s'enfuit de là qu'il ne faut point faire de vers pour les gens qui ne fçavent pas lire, & qui font mal intentionnés ; mais cela ne prouve point que l'Héroïde ne doit pas être écrite en vers.

La Poëfie peut s'emparer de tous les genres où la paffion refpire. Rien n'eft fi paffionné, fi brûlant que les premieres Lettres de Julie à S. Preux. Hé bien, je les fuppofe mifes en vers par Racine : de bonne foi croit-on qu'elles y perdiffent beaucoup, & qu'on regrettât infiniment d'entendre parler Julie comme Phédre, Roxane & Hermione ? La vraie Poëfie ne laiffe point appercevoir fon méchanifme ; elle fe fait fentir à l'ame avant que l'efprit ait eu le temps de la précautionner contre fon plaifir : comme dans un concert on oublie les inftrumens, pour ne s'occuper que des sons enchanteurs qui en résultent, & produisent la plus touchante harmonie. L'Aggresseur de l'Héroïde fait *une classe séparée de tous les genres que la gaîté vivifie.* Il prétend que toutes les formes leur conviennent, prose ou vers. *Les hommes,* dit-il, *& parmi eux les François de préférence, pardonnent tout, se prêtent à tout, pourvu qu'on les amuse.* Il fait à ce sujet une réfléxion qui peut trouver des contradicteurs. Prodigues de notre gaîté, nous sommes avares de nos larmes. Tel est son sentiment, démenti par l'expérience de tous les jours. C'est par le cri des hommes rassemblés qu'on peut juger sur-tout le caractère d'une Nation, & nos Spectacles seroient peut-être la meilleure Ecole d'un Moraliste. Hé bien, ces mêmes Spectacles ne se soutiennent que par les grands tableaux, les tableaux nobles, pathétiques & attendrissans. Molière est beaucoup moins suivi que Corneille ; une Tragédie nouvelle fait beaucoup plus de fenfation qu'une Comédie nouvelle ; & le Public d'aujourd'hui n'eſt point du tout le Public de l'autre fiécle. On m'objectera peut-être le fuccès d'une Scène * bâtarde & bouffonne qui enrichit quelques talens médiocres aux dépens du goût & de la raifon ; mais c'eſt une exception dont il faut rougir, & qu'on ne doit pas citer.

Il eſt difficile de fixer abfolument le caractère d'un Peuple. Auſſi mobile que le temps, il fe charge d'âge en âge de mille nuances imperceptibles, qui en étouffent à la fin la nuance primitive & le trait original. Nous ne fommes certainement pas ce que nous paroiſſons être. Notre délire fuperficiel, fur lequel on nous juge, ne va point jufqu'au fond

* Il faut excepter quelques Ouvrages agréables, & fur-tout la Mufique charmante de MM Duni, Philidor & Monfigni.

de nos cœurs guérir ce fond de mélancolie, qui perce quelquefois à travers le masque & les déguisemens. Rien ne décéle mieux l'ennui de soi-même & le vuide de l'ame, que ce goût de Parades qui s'introduit dans nos Sociétés. Après tous les éclats d'une gaîté convulsive, on est tout surpris de se retrouver triste ; on cherche un plaisir plus neuf, plus attachant, plus délicat, & l'on court, pour se désennuyer d'avoir ri, pleurer avec délices à la représentation d'Ariane, d'Alzire & de Mahomet.

Voila ce que nous voyons à tout moment & ce qu'il n'est guère possible de réfuter.

L'Auteur de la Lettre à M. D... par une suite de son idée, condamne dans les Héroïdes les sujets sombres & lugubres. Qu'importe pourvu qu'ils soient interessans, qu'ils remuent, qu'ils tranfportent, & qu'ils compenfent la briéveté de l'ouvrage par la violence des fecouffes, & la force des impreffions. Il paffe enfuite au poëme épique, & didactique; au genre de l'Epître, & du difcours; c'eft dans ces productions particuliérement qu'il reconnoît l'empire de la Poëfie, & qu'il l'appelle la langue de *la mémoire*. Pourquoi ne feroit-elle pas de même dans l'Héroïde la langue de la mémoire ? Un beau vers, un vers de fentiment fe retient, quelque part qu'il fe trouve.

EN général l'Anonyme affecte un peu trop de prévention, contre un genre fur lequel peut-être il n'a point affez réfléchi. Ingénieux comme la Motte, il eft comme lui fyftématique. Pour moi j'imagine que tous les genres bien traités ont leur mérite diftinctif, qu'il eft inutile de leur difputer. Ne nous érigeons point en cenfeurs trop épineux ; ne donnons des loix qu'avec une extrême circonfpection, fur-tout à la Poëfie, qui a fon foyer dans l'ame, & qui ne reconnoît pour modèle que le tableau même de la Nature. Les différentes fortes de talents doivent être à la Société, ce qu'eft à la terre la variété des fleurs. Les unes nous plaifent plus que les autres, mais prefque toutes ont leurs parfums, leur éclat & leur beauté. Les Éclogues de Théocrite, les Idilles de Gallus, les Héroïdes d'Ovide ont paffé jufqu'à nous comme l'Iliade d'Homère, les Tragédies de Sophocle, & le Traité de Longin. La poftérité n'a point d'égards à toutes les contradictions des contemporains. Sa main impartiale diftribue des couronnes à tous ceux qui fe font diftingués dans les genres qu'ils avoient choifis. Mais je m'apperçois que je me fuis engagé dans une differtation furement trop longue,

& par conséquent ennuieufe. Comme j'ai travaillé dans le genre qu'on attaque, il m'étoit permis de le défendre. Non que je me viffe enlever avec regret la petite gloire d'avoir fait quelques Héroïdes ; je fuis loin d'attacher de l'importance à ces foibles productions ; je tiens très-foiblement à mes ouvrages, mais un peu à mes idées, & beaucoup à mes fentimens.

Ch. Eisen inv. J.B. Simonet Sculp.

LETTRE
DE VALCOUR
A SON PERE.

Mon Bienfaiteur ! mon Père ! en cet heureux moment,
Permets à mes tranſports ce tendre épanchement ;
Tu vis le ſombre ennui, la profonde triſteſſe
Deſſécher par degrés la fleur de ma jeuneſſe.

C

Le crime, alors, le crime habitoit dans mon cœur ;
Je n'avois pas le droit de prétendre au bonheur.
Maître de mon secret, tu frémis du coupable.
Je n'oublirai jamais ce courroux vénérable
Qui montra la lumière à ce cœur abattu,
Et me faisant rougir, me rendit ma vertu.
Ma vertu t'appartient, & je t'en dois l'hommage ;
Puisse-t-il ranimer les langueurs de ton âge,
Et sur tes cheveux blancs, sur ton front respecté
Répandre les rayons de ma félicité !
Zélia vit encor ; Zélia m'est fidelle :
Elle fut malheureuse ; elle est cent fois plus belle.
Ah ! grand Dieu ! quel trésor j'avois abandonné !
Juge de son amour.... elle m'a pardonné.
Je renais ; sous mes pas sa main ferme un abîme ;
Un autre air m'environne ; un nouveau sang m'anime.

Mais apprends quel outrage & quels maux j'ai soufferts :
Daigne, un instant me voir égaré sur les mers,
Par d'affreux souvenirs épouvanté sans cesse,

A SON PERE.

Ne fachant plus fur qui j'appuirois ma foibleffe,
Auffi loin de mon Père expirant dans les pleurs,
Que de l'objet facré, trahi par mes fureurs ;
J'entendois, tour-à-tour, dans mon ame tremblante ;
Les fanglots paternels & les cris d'une Amante.
C'eft alors qu'abîmé dans le fein des douleurs,
Je mefurai mon crime, & vis tous mes malheurs.

Je touche enfin aux lieux, témoins de mon parjure,
Où j'outrageai l'Amour, & bravai la Nature ;
Où je connus la honte.... à l'afpect de ces bords ;
Je ne pus contenir ma crainte & mes tranfports.
Quels fentimens divers combattoient dans mon ame !
La terreur la faifit, l'efpérance l'enflâme :
Je rougis, je pâlis, mes yeux n'ofent s'ouvrir ;
Et cet effroi mortel eft mêlé de plaifir.
Avec frémiffement je defcends fur la rive ;
Je crois, à chaque pas, voir Zéïla captive,
Qui, me reconnoiffant parmi fes oppreffeurs,
Se profterne à mes pieds, les inonde de pleurs ;

Et, par moi seul réduite à tant d'ignominie,
Lève vers moi ces mains qui m'ont sauvé la vie.
A ce tableau, je cours, dans la foule égaré,
Vers le fatal réduit du Tyran abhorré,
Qui fit esclave, hélas! un objet plein de charmes;
Paya le droit affreux de voir couler ses larmes,
Et courba sous le joug des plus barbares loix,
Ce vertueux orgueil, libre au moins dans les bois.

J'ENTRE... Ciel! quel objet devant moi se présente!
Un triste & foible enfant, que ma vue épouvante,
Ah! j'en frissonne encor; ses bras étoient meurtris.
Il sembloit que la crainte eût étouffé ses cris.
Fuyant vers son berceau ma présence étrangère;
Ses timides regards redemandoient sa mère.
Rempli d'un morne effroi, souffrant, inanimé,
D'une lente douleur il mouroit consumé.
Des traits de Zéila je crus, sur son visage,
Distinguer, entrevoir une confuse image.
Je sens des pleurs alors s'échapper de mes yeux;

A SON PERE.

Et prends entre mes bras cet enfant malheureux.
Docile à cet inſtinct dont la douceur m'attire,
A travers les ſanglots où ma parole expire,
Zéïla, m'écriai-je; & cet enfant ſoudain
Me ſerre, en ſouriant, de ſa débile main :
Il ne peut s'arracher de mon ſein qu'il careſſe,
Et m'appelle ſon père, en voiant ma tendreſſe.

Son maître accourt, menace, &, prêt à lui parler,
Je ſens ma voix s'éteindre, & mon cœur ſe troubler.
Je l'interroge enfin, après un long ſilence ;
Je le preſſe : il me fixe, & quelque temps balance.
Que voulois-je ſçavoir ? que m'apprend-il, hélas ?
» De Zéïla, dit-il, l'enfant eſt dans vos bras :
» Sous de moins dures loix ſa mère eſt enchaînée ;
» Aux plaiſirs du Serrail le Ciel l'a deſtinée :
» C'eſt moi qui l'ai venduë. A ces mots foudroyans,
Le friſſon de la mort s'empara de mes ſens.
Mon malheur eſt au comble : il me rend le courage.
» Sers-moi, dis-je à ce Monſtre, & venge mon outrage,

» Aux lieux ou Zéïla languit dans les regrets,
» Il faut, dès cette nuit, me frayer un accès :
» Tout cet or est à toi. Que ne peut l'avarice ?
De mon noble projet il devient le complice.
D'un Garde du Palais il court gagner la foi ;
Et l'habit Musulman est revêtu par moi.
Résolu de mourir, quelle eût été ma crainte ?
Du serrail, sans trembler, je pénétrois l'enceinte.
Les horreurs, les périls, dont j'étois entouré,
Me sembloient un triomphe à mes vœux préparé.
Je voulois voir encor mon amante fidelle ;
Trop heureux que mon sang fût versé devant elle !

QUE la nuit parut lente à mon empressement !
Au retour du Soleil, je me crus, un moment,
Jouet d'une vapeur ou d'un pouvoir magique.
Devant moi se découvre un péristile antique,
Où différens parfums marioient leurs odeurs
Aux parfums exhalés de cent vases de fleurs.
A des balustres d'or s'enlaçoit un feuillage

A SON PERE.

Qui tempéroit le jour par son utile ombrage.
Cent réservoirs d'eau vive, entourés de jasmins,
Baignoient, en s'épanchant, l'albâtre des bassins.
Le plafond déployoit la plus riche peinture,
Où l'art, trompant les yeux, égaloit la Nature;
Et des sophas, ornés des tapis les plus beaux,
Partout, dans ce réduit, invitoient au repos.
Qu'il étoit loin de moi ! quelle affreuse journée !
Au choix d'une Sultane elle étoit destinée.
Déja, de toutes parts, s'assemble, en ce séjour,
Ce que la Circassie a formé pour l'Amour;
La beauté, la fraîcheur, attraits de la Jeunesse,
Ensevelis dans l'ombre, au sein de la tristesse.
Mille esclaves, par ordre, au son des instrumens,
Viennent briguer le prix & lutter d'agrémens:
L'or avec art tressé brille dans leur parure;
L'éclat des diamans enrichit leur ceinture:
L'une dans ses regards exprime la fierté;
L'autre ouvre un œil mourant, fait pour la volupté.
Mais toutes sur leurs fronts peignoient la jalousie,

Et l'émulation de la coquetterie ;
Le paſſage éternel de la crainte à l'eſpoir ;
Le vuide affreux du cœur, le deſir du pouvoir,
Le caprice, le goût des intrigues fatales,
Et ſur-tout le projet d'éclipſer leurs rivales.

Une ſeule fuyoit ce concours odieux,
Et ſembloit dédaigner la pompe de ces lieux :
Un voile rabattu me déroboit ſes charmes,
Mais ne pouvoit cacher ſes ſoupirs & ſes larmes.
Combien ſon abandon me parut ſéduiſant !
Et quelle grace encor dans ſon accablement !
Sur un marbre voiſin elle étoit appuiée,
Plaintive, ſolitaire, & pourtant enviée.
A ce nouvel aſpect, tout mon cœur ſe troubla;
Une ſecrette voix me nommoit Zéila.
Oubliant le ſerrail & ſa contrainte auſtère ;
Je voulus, mille fois, découvrir ce myſtère ;
Détacher, déchirer ce voile trop jaloux,
Et de la jeune Eſclave embraſſer les genoux.

Ce sentiment trop prompt, par un autre s'efface.
Un Dieu, sans doute, un Dieu suspendit mon audace.

Le Sultan a paru : Monarque infortuné,
Il léve un front superbe, & voit tout prosterné.
Du pouvoir despotique affreuse & triste image !
Vous, que la crainte adore, & que sert l'esclavage,
Que de tributs honteux, & d'encens consumés,
Pour vous dédommager du bonheur d'être aimés !
Sur mille objets rians que sa Cour lui présente,
Il proméne, au hazard, sa vue indifférente.
Morne au sein des grandeurs, sans amour, sans desirs,
Il paroît accablé de l'ennui des plaisirs.
Sur l'Esclave voilée enfin son œil s'arrête ;
Et bientôt il lui fait annoncer sa conquête ;
Le voile tombe. O Ciel ! à ce seul souvenir,
Je sens mon cœur encor, palpiter & frémir.
Que vis-je ? Zéila, Zéila gémissante,
Repoussant de ce choix la marque avilissante,
Pleurant son infortune, & son titre fatal.

» Sultan, à tes genoux, reconnois ton Rival,
» M'écriai-je ; punis un jeune téméraire,
» Qu'irrite le malheur, qui brave ta colére:
» J'aime ; je fuis François ; je ne redoute rien.
» Mon tréfor le plus cher, & mon unique bien
» Me font ravis par toi ; cette Efclave eft ma femme.
» Du plus noir des forfaits j'avois payé fa flamme.
» Pour racheter fa vie, & pour brifer fes fers,
» Déchiré de remords, J'ai traverfé les mers.
» Je connois ta grandeur ; &, quoiqu'elle en murmure,
» Je connois encor mieux les droits de la Nature.
» Rends-moi l'honneurr, ends-moi l'objet de mon amour ;
» Ou, qu'à tes pieds, Sultan, on m'arrache le jour.

TANDIS que je parlois, ma Zéila mourante
Rappelloit vainement fa force défaillante.
Le Sultan étonné balance quelque temps,
Et paroît agité de divers mouvemens.
Quand fon orgueil bleffé lui demande vengeance,
La générofité l'invite à la clémence.

A SON PERE.

Il s'adoucit enfin : à travers sa fierté
J'apperçois dans ses yeux un rayon de bonté.

» JEUNE homme, me dit-il, j'excuse ton courage,
» Ton malheur m'attendrit : je pardonne à ton âge ;
» Et, pour prix de l'audace où l'Amour t'a porté,
» Je te rends ton épouse avec la liberté.
» J'avois fixé mon choix ; je te le sacrifie.
» Comblé de mes présens, retourne en ta patrie ;
» Ne crains rien ; un Sultan sçait être généreux,
» Et goûter le plaisir d'avoir fait un heureux.

IL me quitte, à ces mots : brûlant d'impatience,
Je vole à Zéila, dans son sein je m'élance :
Le seul son de ma voix ranime ses appas ;
Elle ouvre la paupière & me voit dans ses bras,
Quel moment ! ô mon Père ! oserai-je poursuivre ?
A de si grands plaisirs comment peut-on survivre ?
Mille avides regards se confondent sur nous.
Zéila s'embellit en des instans si doux :

Celles, dont ses attraits armoient la jalousie,

Témoins de mes transports, lui portent plus d'envie ;

Et regrettent ces bords, ces climats trop charmans

Où la Beauté commande à de pareils Amans.

PAR l'ordre du Sultan, la foule se retire :

Aux Jardins du Serrail il nous fait introduire.

Nous voilà seuls enfin. L'aspect de ces beaux lieux,

Les dons d'un autre Sol, semés sous d'autres Cieux,

Des arbres étrangers l'agréable verdure,

Des fruits mêlés aux fleurs l'odorante parure ;

Cent gerbes de cristal jaillissant dans les airs,

De nouveaux horisons, un nouvel Univers,

Tout disparut pour moi : je voyois mon amante

Moi-même je guidois sa démarche tremblante ;

Et, mes sens concentrés par l'excès du bonheur,

S'étoient réfugiés dans le fond de mon cœur.

Tous ces événemens me sembloient un mensonge ;

J'appréhendois toujours la fin d'un si beau songe.
Doucement attirés par la main de l'Amour,
Sous un berceau plus sombre, & loin des traits du jour,
Nous fuyons tous les yeux : c'est là que dans l'ivresse,
Où de deux cœurs brûlans s'égare la tendresse,
Par un rapide essor l'un vers l'autre élancés,
Dans nos embrassemens nous restons enlacés.]
C'est là qu'à mes transports Zéïla s'abandonne.
L'Amour demande grace, & la vertu pardonne.
Dans ces lieux cependant nous formons des desirs.
Il manquoit un témoin à de si doux plaisirs.
Nous courons vers mon fils : cet Enfant Solitaire
Esclave en son berceau, mouroit loin de sa mère.
Il la voit, jette un cri; rien ne peut l'arrêter.
Il vole dans son sein, pour ne le plus quitter.
Son œil me reconnoît & petille de joie.
Sur ce front enfantin le bonheur se déploie.
Sa mère de ses bras le portoit dans les miens;

Et mes tendres baisers le disputoient aux siens.

Sur nos lévres de flamme il respire la vie ;

Pour bégayer mon nom, sa langue se délie :

Il devient moins timide en devenant heureux,

Et de ses foibles mains nous réunit tous deux.

J'enléve à son Tyran cette chère victime.

L'or répare, une fois, les ravages du crime.

Mon fils de la misére a quitté les lambeaux :

On cherche pour son front des ornemens nouveaux,

Et cet enfant, touché des soins de la nature,

Revient d'un œil riant nous montrer sa parure.

Ah ! dans cet instant même il arrête ma main.

Mon Père, il me demande à voler dans mon sein.

. . . .

. . . .

Qu'ai-je appris ? Du Sultan la noble bienveillance,

Pour quelques jours encore exige ma présence.

A SON PERE. 31

Des bords que j'ai quittés il veut m'entretenir :

Comblé de ses présens, je lui dois obéir.

Libre de ce tribut, de ce devoir auguste,

Je cours en remplir un & plus saint & plus juste.

O Vieillard adoré, dans tes bras je revien

Achever mon bonheur, en m'occupant du tien.

Ch. Eisen inv. et fecit.   J. B. Simonet Sculp. 1766.

www.ingramcontent.com/pod-product-compliance
Lightning Source LLC
Chambersburg PA
CBHW060539050426
42451CB00011B/1788